H. PIGEONNEAU

# VERSAILLES

PENDANT LE

## SIÈGE DE PARIS

⁕

SAINT-DIÉ
AD. WEICK, IMPRIMEUR-ÉDITEUR

# VERSAILLES

### PENDANT LE SIÈGE DE PARIS

Chacun se souvient encore de cette semaine d'angoisses qui précéda l'investissement de Paris. Tous les liens qui rattachent la capitale à la France se brisaient un à un. Les lignes de chemins de fer s'arrêtaient, et le télégraphe se repliait en signalant l'approche de l'ennemi : le vide et le silence se faisaient autour de nous. A Paris, la fièvre de la défense trompait du moins la fièvre de l'attente : on roulait des canons, on remuait de la terre, on s'armait, on travaillait, on vivait ; mais dans les villages qui font à la grande ville une si riante et si riche ceinture, et qui les premiers allaient devenir la proie de l'envahisseur, l'anxiété était devenue de la terreur. Ces populations affolées ne songeaient qu'à fuir, abandonnant leur mobilier, leurs récoltes, laissant souvent derrière elles les infirmes et les malades ; des files de charrettes et de bestiaux, des troupes de femmes et d'enfants encombraient les routes. La plupart se précipitaient vers Paris ; quelques-uns, égarés par une sorte de vertige, marchaient devant eux, au hasard, et allaient se jeter au milieu des éclaireurs ennemis. Dans les villes telles que Versailles et Saint-Germain, où le nombre même des habitants était une garantie contre le pillage et l'incendie, l'inquiétude moins désordonnée n'était pas moins cruelle. Les simulacres de travaux défensifs, coupures sur les routes, abatis d'arbres, chaussées dépavées, ne faisaient illusion à personne sur la possibilité d'une résistance sérieuse : on savait qu'on n'improvise pas des Saragosses avec des barricades sans défenseurs et des épaulements sans canons. Les heures marchaient avec une lenteur désespérante : on désirait presque comme une délivrance le moment de la catastrophe que rien ne pouvait plus empêcher.

I.

Le **18** septembre, à dix heures du matin, le dernier train de Versailles partait pour Paris, en même temps que les escadrons de dragons et de cuirassiers formés avec les débris de Reichshofen disparaissaient par la route de Rambouillet. Des paysans des environs rapportaient qu'on s'était battu à Juvisy, que l'ennemi avait franchi la Seine, et que sa cavalerie se montrait déjà dans la vallée de la Bièvre. Vers deux heures de l'après-midi, trois hussards prussiens se présentaient en parlementaires aux portes de Versailles. Ils étaient venus sans guide, à travers les bois, échappant aux patrouilles françaises qui erraient encore dans le voisinage. La garde nationale, qui occupait les barrières, les conduisit à la mairie : ils annoncèrent pour le soir même l'arrivée d'un corps considérable, et se retirèrent tranquillement au milieu d'une foule moitié curieuse, moitié irritée. Peu de minutes après leur départ, un brigadier de hussards français débouchait au galop en face de la préfecture : laissé en éclaireur avec quelques cavaliers dans la plaine de Satory, il venait d'apprendre l'approche des Prussiens et demandait à grands cris la route de Paris, que ni lui ni ses hommes ne connaissaient. On la lui indiqua, non sans faire de tristes réflexions sur cet incident insignifiant en apparence, mais qui expliquait bien des surprises et bien des malheurs. La soirée s'avançait : tout était calme au dehors, les bois paraissaient déserts et silencieux. Il semblait qu'un contre-ordre eût suspendu la marche de l'ennemi, ou qu'un obstacle imprévu l'eût arrêté. L'énigme ne tarda pas à s'expliquer. Avant le jour, la ville se réveilla au bruit du canon et de la fusillade : une bataille était engagée, et les Prussiens avaient passé la nuit à tourner les positions que l'on savait occupées par nos troupes sur les plateaux de Châtillon et de Vélizy. A huit heures du matin, les barrières étaient encore fermées : devant la grille de la rue des Chantiers un groupe de hulans et de dragons fumaient nonchalamment en attendant le résultat des pourparlers que les autorités de Versailles venaient d'engager avec le général commandant l'avant-garde du 5ᵉ corps. Des escadrons déployés remplissaient le champ de courses de Porchefontaine ; sur la route, des pionniers s'occupaient à combler les tranchées qui n'avaient arrêté l'ennemi que le temps nécessaire pour briser un treillage et regagner la chaussée par un détour de quelques mètres. Sur les rampes qui gravissent le revers occidental du plateau de Vélizy, on voyait briller, à travers les taillis et les branches encore vertes des arbres abattus, les casques des dragons et des cuirassiers postés en vedettes : les uniformes étaient ternis, mais l'équipement était intact, et les chevaux paraissaient vigoureux et bien nourris. Plus bas, la route départementale de Bièvre, que l'on avait négligé de couper, était encombrée par un immense convoi : fourgons d'artillerie, voitures d'ambulances, troupeaux de bœufs et de moutons, charrettes de toutes formes et de tous pays chargées de vivres, de meubles, de couvertures, et conduites les unes par des paysans, les autres par des soldats coiffés de leur casquette sans visière et revêtus de leur longue capote grise.

A la lisière du bois, la chaussée qui traverse le plateau limité d'un côté par la vallée de Sèvres, de l'autre par celle de Bièvre, était bordée par des régiments d'infanterie, les armes en faisceaux. Ces hommes couverts de boue, le pantalon retroussé dans les bottes, le casque de cuir enfoncé sur les yeux, silen-lencieusement assis sur le revers de la route ou immobiles près de leurs armes, ne répondaient guère à l'idée qu'on se fait chez nous d'une armée victorieuse. Chez le soldat prussien l'enthousiasme est discipliné comme tout le reste, il n'éclate qu'au commandement.

Au moment où débouchaient sur le champ de bataille les voitures envoyées par le comité versaillais de la Société de secours aux blessés, les régiments s'ébranlaient pour se remettre en marche. Les officiers considéraient avec une curiosité quelque peu dédaigneuse ces véhicules de toute sorte sur lesquels flottait le drapeau national à côté du drapeau blanc à la croix rouge. La plupart des soldats ne détournaient même pas la tête : quelques-uns seulement, reconnaissant des Français, étendaient la main dans la direction de Versailles et répétaient avec des regards d'interrogation inquiète ces mots : Paris ? Paris ? Nous apprîmes plus tard que beaucoup s'imaginaient en entrant à Versailles franchir les portes de Paris, et nous devons ajouter que les officiers ne faisaient rien pour dissiper cette singulière illusion. — L'action durait encore : les charges stridentes des mitrailleuses redoublaient du côté de Bagneux, mais le feu s'éteignait lentement sur le plateau de Châtillon. Vers onze heures, nos derniers obus tombaient au carrefour du Petit-Bicêtre, sur une auberge transformée en ambulance. M. de Bismarck, dans sa circulaire du 9 janvier 1871, devait relever ce fait et le reprocher aux Français comme une violation de la convention de Genève ; mais il oubliait de dire que devant cette maison, à une distance de moins de 100 mètres, à demi masquée par un pli de terrain, se trouvait une batterie allemande balayant la plaine de son feu, et peu soucieuse du danger que faisait courir à l'ambulance son redoutable voisinage. A en juger par l'aspect de cette partie du champ de bataille, l'action y avait été peu disputée. Des fusils, des casques et des képis semés çà et là dans les champs, pêle-mêle avec les débris de bouteilles qui attestaient le pillage des caves, une trentaine de chevaux morts couchés sur les monticules qui dominent le chemin de Bièvre, quelques cadavres épars dans les touffes de genêts et derrière les buissons, 200 ou 300 blessés français et prussiens dispersés dans les maisons de l'Abbaye ou entassés dans les bâtiments de la ferme de Villacoublay, telles étaient les traces du combat dont nous ne connaissions que trop l'issue, et qui n'avait pu retarder l'investissement de Paris.

De dix heures du matin à six heures du soir, près de deux corps d'armée défilèrent dans les rues de Versailles, suivis d'un énorme convoi de bagages et d'artillerie. Les casernes, les édifices publics, ne suffisaient pas à contenir cette multitude. On craignait qu'elle n'envahît les maisons ; on en fut quitte pour la peur, et, sauf quelques actes isolés de pillage ou de brutalité qui restèrent ignorés dans ce premier moment de trouble, tout se passa avec plus d'ordre qu'on n'eût oser l'espérer. Les feux de bivouac s'allumèrent sur les places et sur les avenues ; les soldats qui n'avaient pu trouver d'abri s'étendirent en plein air sur des bottes de paille. Le lendemain, la plus grande partie des troupes s'écoulèrent par les routes de Sèvres, de Ville-d'Avray, de Saint-Germain, et ne laissèrent à Versailles qu'une garnison permanente de 5.000 à 6.000 hommes, chiffre qui ne fut jamais dépassé pendant toute la durée du siège.

Dès les premiers jours de septembre, avant même que le général de Moltke eût paru à Versailles, son plan se dessinait de manière à frapper les yeux les moins clairvoyants. Le siège de Paris, ce paradoxe que nous n'avions même pas daigné discuter en France, était depuis quinze ans le rêve et le problème favori de l'état-major prussien. Il était peu de Parisiens à qui la carte des environs fut aussi familière qu'aux moindres officiers de l'armée allemande. Pas une maison, pas un pan de mur, pas un pli de terrain ne leur était inconnu. Tout était prévu, tout était calculé : les rôles étaient distribués d'avance. Malgré les fanfaronnades de quelques jeunes gens qui s'amusaient de la crédulité française, et qui annonçaient que tel jour et à telle heure on prendrait d'assaut le Mont-Valérien ou le fort de Vanves, personne ne songeait à une attaque de vive force. Une tentative de ce genre eût été en contradiction avec toutes les aptitudes et toutes les traditions de l'armée prussienne. L'esprit méthodique, le courage discipliné, mais passif, de la race germanique, n'auraient pu s'accommoder d'un de ces coups d'éclat où l'on risque en un jour le sort de toute une campagne. La guerre allemande est mathématique : la fantaisie n'y tient pas plus de place que dans une opération d'algèbre. Il est même douteux que, malgré la discipline, l'exemple des officiers eût suffi à entraîner l'armée dans une de ces aventures où se lance si volontiers l'ardeur insouciante du Français. Pour le soldat allemand, ce grand Paris qu'il entrevoyait de loin derrière sa ceinture de forts et de bastions, c'était l'inconnu plein de menaces et de vagues terreurs, — torpilles éclatant sous les pas des combattants, pétrole enflammé pleuvant sur leurs têtes, engins mystérieux lançant à jet continu les grenades et la mitraille.

Il est vrai que le blocus d'une ville immense, renfermant dans ses murs près de 600,000 hommes armés, était une opération étrange et unique dans les annales de la guerre ; mais les généraux prussiens étaient convaincus que la seule troupe en état de tenir la campagne et de risquer une attaque sérieuse contre leurs lignes était l'armée régulière qu'ils avaient battue à Châtillon, et qui, d'après leurs calculs, ne dépassait pas 50,000 hommes. Quant à la garde mobile et à la garde nationale, ils n'en tenaient aucun compte ; c'était à leurs yeux une cohue mal armée, incapable de discipline, bonne tout au plus à défendre un rempart, et plus dangereuse pour ses chefs que pour l'ennemi. Le problème se réduisait donc à occuper fortement autour de Paris des positions défensives, à serrer la ville d'assez près pour empêcher tout ravitaillement et toute communication avec le dehors, à la laisser se consumer d'angoisses et d'ennui, et à attendre que la révolution ou la famine vinssent ouvrir les portes qu'on n'osait pas enfoncer à coups de canon.

Malheureusement la nature du terrain ne servait que trop bien la tactique prussienne. Paris est situé au fond d'un vaste bassin qu'entoure une chaîne de collines pour la plupart boisées et semées de villages, de maisons de campagne, de clôtures faciles à transformer en ouvrages défensifs. A l'est, sur la rive droite de la Marne, les plateaux d'Avron et de Gagny, au sud et au sud-ouest, sur la rive gauche de la Seine, les hauteurs de Villejuif et de Châtillon, les escarpements de

Meudon, de Sèvres et de Saint-Cloud, dominent les forts détachés et l'enceinte, et s'en rapprochent assez pour permettre à la nouvelle artillerie d'écraser de son feu tous les ouvrages extérieurs et une partie de la ville. Au sud-est et à l'ouest, Paris est couvert par les replis de la Marne et de la Seine ; mais cette défense est en même temps un obstacle à toute opération offensive de l'assiégé contre un ennemi maître des hauteurs qui bordent la rive opposée. Enfin au nord, entre la route de Dunkerque et celle de Metz, s'ouvre une large plaine balayée par le feu des forts, mais où les villages de Pierrefite, de Stains, de Dugny, du Bourget, de Drancy, peuvent offrir à l'assaillant un formidable point d'appui, si l'assiégé les néglige ou se les laisse enlever.

Pour prendre Paris, il eût fallu, tout en bloquant le reste de la place, abandonner sur plusieurs points la ligne des hauteurs, se rapprocher des forts, en emporter au moins trois après un siège régulier, se heurter enfin contre l'enceinte, et jouer la partie suprême dans une bataille de rues qui eût entraîné sans doute la destruction de la ville, mais qui pouvait écraser sous ses ruines toute l'armée assiégeante. Pour le bloquer, il suffisait d'avoir étudié le terrain, de disposer habilement ses forces, de repousser peut-être deux ou trois sorties, et de laisser faire le reste à l'impatience des Parisiens, qu'on se mettrait en mesure d'aiguillonner en incendiant quelques quartiers, quand la population, irritée par l'isolement, par la famine, par l'attitude même de l'ennemi, serait arrivée à cet état d'excitation nerveuse que les Allemands appelaient, dans leur barbarie pédantesque, le moment psychologique du bombardement.

On répétait volontiers avant la guerre qu'il faudrait 1 million d'hommes pour assiéger Paris, et, à en juger par les rares journaux qui nous parvenaient pendant le siège, les Parisiens se croyaient cernés par plus de 400,000 ennemis. La vérité est que M. de Moltke ne disposa jamais de plus de 200,000 combattants. Les troupes d'investissement se composaient de deux armées : la troisième, sous le commandement du prince royal, et la quatrième, sous les ordres du prince de Saxe. Elles comprenaient les 4e, 5e, 6e, 11e, et 12e corps de la confédération du nord, la garde royale, deux corps bavarois et une division wurtembergeoise. A ces forces, vinrent se joindre plus tard douze régiments de landwehr et le 2ᵉ corps, envoyé de Metz après la capitulation ; mais le 1ᵉʳ corps bavarois, sous la direction du général Von der Thann, et la 22ᵉ division, qui faisait partie du 11ᵉ corps, avaient été détachés sur la Loire dès le mois d'octobre, et, lorsqu'à la fin de décembre les débris du 1ᵉʳ corps bavarois vinrent se reformer sous Paris, ils furent remplacés à l'armée du sud par le 2ᵉ corps prussien, qui figura dans les affaires du Mans. Si l'on tient compte en outre des renforts envoyés par les Saxons à l'armée du nord et de la nombreuse cavalerie sans cesse occupée à battre les plaines de la Beauce et de l'Orléanais, l'armée de siège ne compta jamais plus de huit corps complets. En supposant tous les hommes présents au drapeau, l'effectif de ces huit corps se serait élevé à 280,000 hommes ; mais dès le début du siège aucun bataillon d'infanterie, à l'exception de ceux de la landwehr de la garde, ne comptait plus de 700 hommes, et beaucoup ne dépassaient pas 600. Les maladies, qui sévirent surtout dans les mois d'octobre et de novembre, le feu, le service des convois, réduisirent encore ce nombre : les renforts ne suffisaient plus à combler les vides. Aussi, au lieu de 35,000 hommes, chaque corps en comptait à peine 25,000.

C'était une entreprise hardie de bloquer avec ces 200,000 soldats 600,000 hommes en état de combattre. Les Allemands le sentaient eux-mêmes, et, malgré leur réserve ordinaire et la confiance que leur inspiraient leurs chefs, ils laissaient parfois échapper de singuliers aveux. Quelques jours après la bataille de Champigny, un personnage haut placé lisait dans un journal de Paris le récit de l'affaire : les pertes des Prussiens, fort exagérées, y étaient portées à 25,000 hommes. « Vingt-cinq mille hommes ! s'écria-t-il, quelle impudence ! Est-ce que nous aurions le moyen de les perdre ? » Il fallait suppléer au nombre par la science : l'état-major s'acquitta de cette tâche avec une remarquable habileté. La ligne extrême des avant-postes prussiens occupait une circonférence d'environ 120 kilomètres ; 10,000 hommes suffisaient à la garder, et ce chiffre permettait d'échelonner au besoin les sentinelles avancées de 50 mètres en 50 mètres et de les relever plusieurs fois par jour. Derrière ce rideau de tirailleurs, 80,000 hommes, postés dans les villages les plus voisins des forts, mais autant que possible à l'abri de leur feu, se tenaient prêts à se porter sur les positions défensives étudiées et désignées d'avance. Le reste de l'armée, placé en seconde ligne, se reposait en attendant son tour de service, et pouvait en quelques heures accourir au secours de la première. La landwehr, qui occupait les cantonnements les plus éloignés de Paris, et qui ne paraissait jamais aux avant-postes, formait une dernière réserve que l'on ménageait, et qui ne marchait que dans les grandes occasions. Chacun de ces corps resta jusqu'à la fin du siège dans les positions qui lui avaient été assignées dès le début : le 4e sur la rive droite de la Seine entre Chatou et Épinay, — la garde royale et les Saxons du 12e corps dans la plaine qui s'étend au nord de Saint-Denis, dans la forêt de Bondy et sur les plateaux de la rive droite de la Marne, — les Wurtembergois sur les plateaux de la rive gauche entre Neuilly-le-Grand et Chennevières, — le 6e corps sur les deux rives de la Seine, observant la boucle de la Marne, la plaine d'Alfort et les hauteurs de Villejuif, — le 2ᵉ corps bavarois sur les deux versants de la vallée de la Bièvre et sur les plateaux de Châtillon ; — la 21ᵉ division du 11ᵉ corps à Versailles, sur la route de Paris jusqu'au pont de Sèvres et dans les bois qui couronnent les hauteurs de Meudon et de Ville-d'Avray ; — le 5ᵉ corps enfin dans cette région si pittoresque et si accidentée comprise entre Saint-Cloud, la Malmaison, Port-Marly, Rocquencourt et Vaucresson. Toutefois ce réseau si habilement tendu était trop vaste pour que les mailles en fussent bien serrées ; il fallait à l'état-major prussien six ou huit heures pour concentrer sur un point quelconque une force de 40,000 hommes, et vingt-quatre heures pour en amener 80,000 sur un champ de bataille en ne laissant que le strict nécessaire dans les autres positions, et en s'exposant à voir la ligne d'investissement coupée par une diversion vigoureuse sur un des points opposés au théâtre de l'action principale.

Aussi rien n'avait été négligé pour prévenir les retards et les surprises, pour multiplier les obstacles artificiels, pour compenser l'infériorité du nombre par la supériorité de l'artillerie, qui pouvait mettre en batterie plus de 800 pièces, sans compter les pièces de siège et de position. Des fils télégraphiques ordinaires, ou des câbles minces et solides que les télégraphistes embrigadés militairement déroulaient tout en marchant et accrochaient aux branches des arbres ou à la crête des murs, circulaient dans toutes les lignes et portaient en un instant d'une extrémité à l'autre les ordres partis du quartier-général. Aux carrefours, à l'entrée des routes, au coin des moindres sentiers, des écriteaux en langue allemande indiquaient les directions et rendaient toute erreur impossible. Le front des avant-postes était couvert soit par des tranchées, soit par des maisons et des murs crénelés, soit par des barricades improvisées avec des tonneaux, des fascines, des pavés. Chaque village, chaque propriété, était devenue à peu de frais une sorte de forteresse. Non contents de barricader les rues, de créneler les murs du côté de Paris, d'y ouvrir dans la direction opposée de larges brèches qui rendaient l'accès et la sortie également faciles pour les défenseurs, les soldats avaient disposé le long des clôtures plus élevées, des tréteaux couverts de planches, des tonneaux, des meubles, et jusqu'à des pianos qui leur servaient de banquettes et leur permettaient de faire un feu plongeant sur la campagne. Dans les champs et dans les espaces découverts s'échelonnaient de distance en distance des demi-lunes en terre assez vastes pour abriter 7 ou 8 tirailleurs, et qui se commandaient les unes aux autres. Dans les bois, des arbres, tout en dégageant les lignes de tir, hérissaient le terrain de chevaux de frise. Enfin, sur les positions dominantes, sur l'emplacement qu'occupèrent plus tard les batteries de siège, s'élevaient quelques ouvrages réguliers que tout Paris connaît aujourd'hui, et qui pour la plupart étaient achevés au mois d'octobre. Quant au passage de la Marne et aux communications des deux rives de la Seine, ils étaient assurés soit par les ponts des chemins de fer restés intacts, soit par des ponts de bateaux ou de charpente dont un, celui de Villeneuve-Saint-George, situé sur la principale route stratégique de l'ennemi, pouvait supporter les plus lourds fardeaux.

## II

Toutes ces dispositions étaient arrêtées, quand le roi et le quartier-général vinrent s'installer à Versailles, où ils firent leur entrée le 5 octobre. Nous ignorons quelle part il faut attribuer dans cette décision à l'orgueil germanique, jaloux d'humilier l'ombre de Louis XIV ; mais les raisons militaires se trouvaient d'accord avec les calculs de la vanité. Sans doute Versailles n'est pas et ne saurait être une forteresse, et les Allemands durent être fort surpris en lisant dans les journaux de Paris la formidable description du mur d'enceinte dont on avait entouré la ville et des ouvrages imprenables qu'y avait élevés l'imagination de nos journalistes ; mais il était impossible de choisir dans les environs de Paris un séjour plus salubre, plus agréable, offrant plus de ressources et en même temps plus sûr. Les routes qui viennent y aboutir de Paris, encaissées dans des gorges profondes ou gravissant les flancs de plateaux escarpés, avaient été fortifiées avec un soin tout particulier et rendues à peu près impraticables. Une attaque sur Versailles par Sèvres, Ville-d'Avray ou Bougival eût été une folie que l'assaillant aurait payée cher. Même en cas d'échec, la retraite était facile, soit par le nord, soit par Saint-Germain et Poissy, soit vers l'est, par Villeneuve-Saint-George ou Corbeil.

On songeait, dit-on, à donner le château de Louis XIV pour habitation au futur empereur d'Allemagne ; mais, par une inspiration heureuse, l'administration du palais et la Société de secours aux blessés avaient mis dès le 15 septembre les salles basses du château à la disposition de M. Vandevelde, délégué de la Société hollandaise, et avaient installé dans cette ambulance improvisée deux hôtes que les rois mêmes respectent : le typhus et les fièvres d'Afrique, apportées à l'hôpital militaire par quelques-uns de nos soldats. Les Allemands, moins soucieux de la vie de leurs blessés que de celle de leur monarque, les entassèrent dans les galeries du palais, qui devint un vaste hôpital. Le roi se contenta de la préfecture ; le prince royal, qui l'occupait depuis le 20 septembre, alla habiter à la porte de Buc une propriété connue sous le nom des *Ombrages*.

M. de Moltke et son état-major envahirent un dôtel de la rue Neuve, et M. de Bismarck s'établit dans la rue de Provence.

Le séjour de ces hauts personnages et l'arrivée d'une nuée de princes, de généraux, d'aides-de-camp, qui s'abattit à leur suite sur la ville, remplirent d'un mouvement inaccoutumé les rues d'ordinaire si calmes et les allées silencieuses du parc ; mais la population resta sourde à leurs avances: les concerts prodigués par la musique prussienne ne réussirent qu'à éloigner les promeneurs, et le spectacle des grandes eaux, en dépit des affiches qui y conviaient les habitants, n'attira d'autres curieux que les officiers et leurs soldats, les correspondants des journaux étrangers et quelques-uns de ces vagabonds sans patrie, chez lesquels il ne faut chercher ni la dignité de l'homme ni celle du citoyen.

Avouons-le pourtant : la première impression avait été favorable aux vainqueurs. Cet ordre, cette régularité, cette tenue sévère des officiers, ces mouvements qui s'opéraient sans tumulte, sans éclats de trompettes et de tambours, sans luxe de commandements, avec la précision d'une machine, avaient frappé tous les esprits. Beaucoup de gens, émerveillés de cette discipline et reconnaissants de n'avoir été ni pillés ni incendiés dès le premier jour, passaient avec une mobilité toute française de la terreur à la confiance, et s'inclinaient déjà devant la supériorité de la civilisation germanique. L'illusion fut de courte durée. On ne tarda pas à s'apercevoir que ces officiers si corrects, non contents de s'installer en maîtres dans les maisons dont ils devenaient les hôtes forcés et de reléguer dans un coin le légitime propriétaire, traitaient le mobilier en chose conquise, s'appropriaient sans scrupule et sans bruit ce qui leur plaisait, et souillaient le reste avec un oubli des règles les plus élémentaires de la propreté qui ne peut s'expliquer que par un mot d'ordre ; il nous répugne de croire qu'un peuple civilisé se livre, sans faire violence à ses instincts et à ses habitudes, à d'aussi brutales fantaisies.

Les autorités militaires, qui semblaient tout d'abord disposées à ménager les habitants, levaient peu à peu le masque. On avait promis le 19 septembre de laisser à la garde nationale ses armes et le soin de veiller à la police de la ville : on la désarma dès le lendemain sous prétexte que les engagements pris étaient nuls, et qu'une ville ouverte n'avait aucun droit à obtenir une récapitulation. Peu de jours après, une proclamation enjoignit à tous les détenteurs d'armes à feu, fusils de chasse, pistolets ou revolvers, de les déposer à la mairie. On s'engageait, il est vrai, à les restituer, et on délivrerait aux propriétaires un reçu et un numéro d'ordre ; mais c'était là une formalité plutôt qu'une garantie. L'état-major avait des loisirs ; le gibier abondait aux environs de Versailles : les courses y étaient aussi pittoresques et moins dangereuses que dans les bois trop voisins de Paris où des accidents plus ou moins graves avaient découragé les promeneurs. Le prince de Wurtemberg, entre autres, en admirant du haut des collines de Saint-Cloud le panorama de Paris, avait eu le crâne effleuré par une balle, et depuis cette mésaventure il ne sortait plus que muni d'un large brassard à croix rouge que le franc-tireur le moins clairvoyant n'aurait pu se dispenser d'apercevoir à 500 mètres. La chasse devint l'occupation favorite des hôtes de Versailles : le dépôt de la mairie, visité chaque jour par les officiers de la suite du roi ou du prince royal, se dégarnit rapidement. Les Allemands du reste prouvèrent qu'ils étaient connaisseurs ; les fusils de peu de valeur furent restitués pour la plupart, les autres disparurent, et les princes eux-mêmes ne dédaignèrent pas de participer à ces emprunts forcés en s'appropriant les armes dont ils avaient pu apprécier le mérite.

Les réquisitions, d'abord assez modérées, prenaient, à mesure que l'occupation se prolongeait, des proportions plus larges et des formes plus étranges. Tel jour l'intendance allemande sommait le conseil municipal d'avoir à livrer dans les vingt-quatre heures, sous peine d'amende et d'exécution militaire, 6,000 couvertures, 600 lits ou 2,000 paires de bottes; le lendemain, son altesse royale le grand-duc de Bade réclamait 3 balais d'écurie, ou l'intendant de M. de Bismarck intimait au nom de son maître une autre réquisition plus burlesque encore, et dont l'original, déposé aux archives de la ville, est à la disposition des amateurs d'anecdotes et d'autographes.

La nomination d'un préfet de Seine-et-Oise, M. le comte de Brauchitsch, n'adoucit en rien les rigueurs du gouvernement militaire ; elle donna seulement aux exactions un caractère plus pratique et plus administratif. D'allures brusques et impérieuses, sans égard pour la dignité des autres, mais jaloux du respect qu'il croyait dû à son rang et à son mérite, le nouveau fonctionnaire débuta en condamnant à la prison et à l'amende les anciens chefs de service de la préfecture qui avaient refusé de reprendre leurs fonctions, et en menaçant de faire fusiller les maires et les curés dans toute commune où un soldat prussien serait maltraité. Ce fut la préface d'une longue suite de tracasseries, de vexations, de pillages plus ou moins déguisés dont la seule énumération remplirait un volume, et que rendait plus odieux encore la parodie des formes légales et du langage administratif. Nous choisissons entre mille un fait qui permettra d'apprécier les procédés des autorités allemandes. Dans le courant du mois d'octobre, le comte de Brauchitsch, plein de sollicitude pour les intérêts de ses administrés et de ses compatriotes, avait appelé l'attention du conseil municipal de Versailles sur la cherté croissante de certaines denrées, telles que le sel, le sucre, l'huile, le charbon, qui menaçaient de s'épuiser complètement. De concert avec un spéculateur assez connu à la Bourse de Paris par des opérations hasardeuses qui avaient fini par déterminer son expulsion, le préfet de Seine-et-Oise imagina une combinaison ingénieuse qui devait assurer les approvisionnements. La ville organiserait sous sa responsabilité un magasin général où les commerçants viendraient puiser. L'associé de M. le comte de Brauchitsch s'engageait, moyennant une somme de 300,000 francs payables d'avance, à faire venir d'Allemagne les approvisionnements nécessaires pour un mois, et à les renouveler aux mêmes conditions à mesure que les marchandises s'écouleraient.

La municipalité de Versailles devina le piège ; on temporisa. Sans contester le principe, on débattit les moyens d'exécution, et, à force de diplomatie, en exploitant l'hostilité qui régnait entre les autorités civiles et le parti militaire, on obtint qu'un syndicat de commerçants se chargerait de l'opération, ferait directement les achats, et veillerait à la répartition des marchandises. Forcé de souscrire à cet arrangement, mais blessé dans son amour-propre d'inventeur et peut-être dans ses intérêts, M. de Brauchitsch décréta que, si les approvisionnements n'étaient pas complets le 25 décembre, la ville paierait une amende de 50,000 francs, qui serait portée à 125,000 francs au cas où le retard excéderait dix jours. Le syndicat s'organisa, les marchés furent conclus : les chemins de fer de l'Est, exploités par les Allemands, s'étaient chargés du transport ; des voitures étaient prêtes à partir pour Lagny dès que le convoi serait signalé. Contre toute attente, les jours s'écoulèrent, le délai expira, et les marchandises n'arrivèrent pas. Le préfet alors joue l'indignation, se plaint hautement de ce qu'il appelle un manque de foi, et somme la ville de verser immédiatement l'amende décrétée. Le conseil municipal s'assemble, et, au moment d'entrer en séance, il apprend que les marchandises sont retenues depuis huit jours au-delà de Châlons par *ordre supérieur*. Un vote unanime décida qu'on refuserait de céder devant un pareil abus de la force. Le lendemain, le maire de Versailles, M. Rameau, qui, par la dignité de son caractère et la fermeté de sa conduite, avait su imposer le respect même aux vainqueurs, était arrêté avec trois conseillers municipaux et jeté en prison comme un malfaiteur. La réprobation fut si universelle que les Allemands eux-mêmes se crurent forcés de rougir, et que le général commandant la place alla rendre visite aux prisonniers. Cinq jours après, ils étaient libres ; mais ce n'était point par un désaveu tardivement infligé au préfet prussien, c'était par une transaction arrachée au syndicat des commerçants. Pourvu que M. le comte de Brauchitsch touchât les 50,000 francs, peu lui importait de quelles mains il les recevait. Si l'on songe que l'autorité civile, si dignement représentée, se renforça successivement d'un préfet de police et d'un commissaire délégué près du gouvernement du nord, on devine par quelles épreuves dut passer la ville de Versailles. Cependant son sort était digne d'envie, si on le compare à celui des campagnes.

Dès les derniers jours de septembre, on vit arriver de tous les villages envahis des bandes de fugitifs chassés de leurs maisons, mourant de faim, à demi nus, escortés comme des prisonniers par des piquets de soldats, la baïonnette au bout du fusil. A Bellevue, des vieillards infirmes avaient été jetés à bas de leur lit et poussés dehors à coups de crosse; à Saint-Cloud, des malades, des femmes en couches, avaient été forcés de se lever et de faire deux lieues à pied, sous la pluie, à dix heures du soir. Les Allemands faisaient le vide autour d'eux; ils éloignaient les témoins. Nous avons pu, dans le courant du mois d'octobre, visiter une partie des villages compris dans la zone des opérations du siège entre Villeneuve-Saint-George, Versailles et Saint-Germain. Les Allemands ne les occupaient que depuis quelques semaines, et déjà la ruine était complète, le pillage était organisé avec une barbarie méthodique, inspirée moins encore par la haine nationale que par l'éternelle envie du pauvre contre le riche, des races nées sous les brumes du nord, dans ces plaines de sable d'où sortirent autrefois les Vandales, contre les nations heureuses à qui sourit le soleil. — « Vous êtes trop riches, disait un officier allemand; en comparaison de la France, nous sommes un peuple de mendiants. » Le mendiant qui peut-être était venu nous demander du pain se vengeait en ravageant le sol qui l'avait nourri. La guerre a ses nécessités ; mais ici la dévastation n'était pas une nécessité, c'était un système. Les portes et les fenêtres arrachées de leurs gonds, les planches des parquets soulevées, fendues et empilées en attendant qu'on les jetât au feu, les meubles réduits en poussière et jonchant les rues de leurs débris, le marbre des cheminées brisé à coups de crosse, les glaces broyées sous les talons de bottes, des jouets d'enfants déchiquetés à coups de sabre, des robes de femme déchirées et traînées dans la boue, les lampes, la vaisselle, les ustensiles de ménage semés dans les champs, les salons transformés en écuries, tandis que les écuries restaient vides, les cartes et les livres des écoles lacérés et jetés au vent, tel était l'aspect que présentait dès la première quinzaine d'octobre toute la zone occupée dans un rayon de 40 kilomètres autour de Paris. Quant aux objets de quelque valeur, bronzes, tableaux, livres, pianos, les officiers prélevaient leur part de butin qu'ils expédiaient en Allemagne, et le reste était vendu à vil prix aux marchands juifs qui suivaient l'armée.

Les propriétés abandonnées avaient été saccagées les premières ; les maisons habitées le furent quelques jours après, et il serait facile de compter celles que la présence des propriétaires préserva à demi du sort commun. Ce qui donnait au pillage son véritable caractère, c'est que le soldat semblait n'être dans cette œuvre de destruction qu'un instrument passif et quelquefois honteux de la consigne qu'il exécutait. Partout les officiers se montrèrent les plus âpres à la curée, ou autorisèrent du moins par leur silence ce que bien peu auraient rougi d'encourager par leur exemple. Malgré les précautions prussiennes, ces déprédations niées avec tant d'impudence n'échapperont pas au grand jour de la publicité. On sait quels sont les officiers supérieurs du 47e et du 58e qui, à Ville-d'Avray, faisaient vider les caves et emballer les pianos sous les yeux des propriétaires, briser et souiller d'ordures le buste de M. Corot, après avoir dévasté sa maison, qui cependant était habitée ; on sait quels sont les gentilshommes qui ont volé l'argenterie dans la propriété de Mme Furtado, à Rocquencourt ; on sait à quelle famille appartient l'officier qui, après avoir fait main basse sur les statuettes et les objets d'art au château de Chambourcy, invitait ses amis à faire leur choix et à emporter un souvenir de la campagne de France ; on sait d'où venaient les charitables diaconesses qui, le 8 décembre, dans l'ambulance de la Queue-en-Brie, jetaient au feu les tableaux et les chaises, tandis que les cours étaient pleines de bois sec. Je laisse aux victimes et aux témoins oculaires la satisfaction de dénoncer les coupables ; mais à Versailles même, où le *Moniteur de Seine-et-Oise* protestait avec indignation contre les calomnies de la presse française, où tant de correspondants étrangers couvraient de leur silence ce qu'ils ne pouvaient ignorer, où un Anglais, que je ne nommerai point par égard pour quelques-uns de ses compatriotes, osait écrire : « J'ai visité les environs de Paris, et j'affirme que la propriété privée est respectée », — à Versailles, séjour du roi et de la foule des autorités civiles et militaires, *j'ai vu* un officier d'intendance, M. Ursel, enlever sans ordre, sans réquisition, dans des maisons particulières, les lits, les matelas, les couvertures, jusqu'aux serviettes et mouchoirs de poche qui disparurent sans retour. Le fait fut signalé au commandant de place, au général comte de Voigts-Rhetz ; il se contenta de hausser les épaules et de répondre : « Qu'importe ? cet homme nous est utile ; il a vécu à Paris et sait le français ! » J'ai vu un prince du sang royal s'emparer d'une voiture enlevée par le bon plaisir d'un aide-de-camp, au château de la Celle-Saint-Cloud, et y promener pendant trois mois son désœuvrement sous les yeux de la légitime propriétaire, sans daigner lui demander son assentiment. J'ai vu les généraux et les princes s'offrir mutuellement comme cadeau de Noël les vases de Sèvres, les objets d'art pillés au château de Saint-Cloud, dont la destruction, commencée par nos obus, fut achevée à loisir, comme celle de Meudon, par la torche des incendiaires, qui brûlaient pour avoir le droit de nier le pillage. Que tel correspondant du *Times*, admirateur de la réserve et de la modération germaniques, demande au préfet de police, M. Stieber, dans quel fourgon sont partis pour la Prusse la pendule, les vases et les statues de l'appartement qu'il occupait sur le boulevard du Roi ; qu'il demande à M. de Bismarck pourquoi la pendule de son salon de la rue de Provence est veuve du sujet qui en faisait le prix, et que le propriétaire avait refusé de lui donner ou de lui vendre. Qu'il ouvre une enquête sur le sort du service damassé prêté par la ville de Versailles à son excellence le chancelier de l'empire d'Allemagne, et qu'on n'a plus retrouvé après son départ. Qu'il s'informe, lui qui n'a jamais vu dans les rues un soldat allemand en état d'ivresse, par quelles mains un capitaine blessé et prisonnier, M. Ritouret, a été roué de coups à deux pas d'un poste. Qu'il aille vanter la sobriété prussienne à ce chef d'ambulance bien connu à Versailles, M. Roche, qui, attaqué par toute une escouade, frappé par derrière et sans provocation, jeté sanglant sur le pavé, a vu les autorités militaires lui refuser justice, et nier l'agression dont il porte encore les traces. C'est la guerre ! répondront les docteurs en droit des gens de l'université de Berlin. Oui, c'est la guerre allemande ; mais la guerre ainsi comprise est un opprobre pour le monde civilisé, qui n'a pas osé protester, et une leçon pour ceux qui se flattaient de concilier les nécessités de la lutte avec les lois de l'humanité.

III

Les derniers jours de septembre et les derniers jours d'octobre avaient été remplis par le pillage et par l'exécution des travaux de défense. Le bruit de violentes canonnades parties des forts faisait parfois espérer que Paris se réveillait et allait prendre l'offensive ; on savait qu'un heureux coup de main nous avait rendu la redoute des Hautes-Bruyères, ce Mont-Valérien du sud qui dominait si fièrement les positions des Bavarois du 6e corps. L'ennemi avait paru troublé de cette revanche de Châtillon ; mais il ne tarda pas à se rassurer. Les Allemands craignaient peu nos reconnaissances qui, disaient-ils, atteignaient rarement la ligne de leurs avant-postes, et se riaient de nos projectiles semés avec tant de prodigalité dans les champs et dans les bois. On aimait cependant le bruit du canon comme le son d'une voix amie. Quand il se taisait, les jours nous paraissaient plus longs et les nuits plus tristes. On saluait avec plus de joie encore le passage des ballons, surtout quand on connaissait les soucis que donnaient aux généraux prussiens ces hardis passagers qui planaient si tranquillement sur leurs têtes. L'organe officiel des autorités allemandes, *le Nouvelliste de Versailles*, devenu, depuis l'installation d'un préfet prussien, *le Moniteur de de Seine-et-Oise*, avait décrété peine de mort contre les navigateurs aériens. Le patriotisme allemand s'était ému. M Krupp avait fait présent au roi d'une machine assez semblable à une lunette astronomique montée sur un affût roulant, que l'on promena triomphalement dans les rues de Versailles, et que l'on baptisa du nom de *Luftballoncanon*. Nous ignorons ce qu'elle devint ; mais le silence des Allemands nous ferait croire que ses services ne répondirent pas aux espérances qu'elle avait fait concevoir.

Au milieu de cette vie d'anxiété et d'incertitude où la moindre rumeur, la moindre nouvelle, un journal apporté clandestinement, une lettre, l'arrivée d'un voyageur, une fusillade aux avant-postes, étaient des événements, on devine qu'elle émotion s'empara de Versailles quand on apprit, le 14 octobre, qu'un général français venait d'y entrer, et que le jour même il avait eu de longues conférences avec M. de Bismarck, avec M. de Moltke, quelques-uns ajoutaient avec le roi. Qui était-il ? d'où venait-il ? quels intérêts l'appelaient au quartier-général ? Tous ceux qui ont vécu dans une ville transformée en une vaste prison comprendront ce que l'imagination publique forgea en quelques heures de conjectures, de romans et d'espérances. Deux jours après, cet inconnu repartit aussi mystérieusement qu'il était venu, toujours escorté de deux officiers prussiens qui l'avaient gardé à vue depuis son arrivée ; mais, avant même qu'il eût quitté Versailles, des indiscrétions habilement provoquées avait révélé son nom et laissé deviner l'objet de sa mission. C'était le général Boyer, le confident bien connu du maréchal Bazaine, qui venait traiter avec M. de Bismarck d'une capitulation destinée à devenir l'avant-propos d'une restauration impériale, si on parvenait à s'entendre avec le gouvernement prussien. Le jour même de son départ une lettre appelait l'attention du gouvernement de Tours sur ce grave incident, et le surlendemain partaient pour une autre voie de nouvelles informations qui parvinrent

— 41 —

également à leur adresse. La capitulation de Metz ne dut pas être une surprise pour ceux qui connaissaient les négociations entamées à Versailles.

Depuis quelques jours, les forts étaient silencieux, la voix puissante du Mont-Valérien ne se faisait entendre qu'à de rares intervalles ; la matinée du 21 octobre s'annonçait calme comme les journées précédentes et réchauffée par un soleil d'été. Tout à coup, vers une heure, le canon retentit sur toute la ligne de l'ouest avec une violence inaccoutumée : aux détonations de la grosse artillerie se mêlent celles des mitrailleuses et de l'artillerie de campagne ; la fusillade s'allume dans les bois depuis les hauteurs de Vaucresson jusqu'aux bords de la Seine. C'était une sortie, la première, depuis un mois de siège, qui parut se diriger du côté de Versailles ! Les Prussiens, contre leur ordinaire, paraissaient surpris ; des estafettes parcouraient les rues à toute bride, les trompettes sonnaient l'alarme ; les officiers, effarés, couraient rejoindre leurs corps ; les batteries, à peines attelées, partaient au galop: les régiments cantonnés à Versailles et à Viroflay se dirigeaient au pas de course par détachements de 200 ou 300 hommes vers le théâtre de l'action. A deux heures, le Mont-Valérien cessa de tonner : l'artillerie de campagne redoublait son feu ; la fusillade éclatait plus voisine et plus nourrie. Le roi, escorté d'une nombreuse cavalerie, venait de partir pour les arcades de Marly, d'où l'on pouvait sans danger suivre la marche de la bataille, et se retirer au besoin par la route de Saint-Germain. La panique était à son comble. A l'hôtel des Réservoirs, rendez-vous de cette foule titrée et chamarrée que les soldats désignent sous le nom d'*Armée buhler* (1), à l'état-major général, à l'hôtel de M. de Bismarck, des fourgons attelés à la hâte recevaient pêle-mêle les cartes, les malles et les liasses de papiers. A la préfecture, on déménageait les appartements du roi et l'on entassait dans des voitures de réquisition les bagages et jusqu'aux tiroirs des meubles pleins de linge et d'effets. La population de Versailles, électrisée par le bruit du canon, s'était répandue dans les rues. Des groupes menaçants poursuivaient de leurs huées les

(1) Muguets d'armée.

patrouilles de cavalerie qui sillonnaient la ville le sabre au poing ; on croyait déjà entendre nos clairons sonnant la charge et les hurrahs de nos soldats ; mais peu à peu les bruits de la bataille s'éloignèrent, la voix du Mont-Valérien domina de nouveau la fusillade ; le roi rentrait avec son escorte. C'était un espoir trompé. Vers le soir, les ambulances versaillaises ramenèrent quelques-uns de nos blessés ; ils nous apprirent que 6,000 hommes à peine avaient été engagés de notre côté. C'était là ce qui avait jeté l'épouvante au quartier-général et failli faire une trouée dans les lignes prussiennes !

Le lendemain, dès la pointe du jour, le champ de bataille de la veille était déjà disposé avec cet art de mise en scène qu'il serait injuste de méconnaître chez nos adversaires. Les blessés et les morts prussiens avaient disparu. Les soldats chargés de cette besogne n'avaient oublié qu'une dizaine de cadavres épars dans les vignes et portant l'uniforme de la landwehr de la garde, cette précieuse réserve qu'on ménageait d'ordinaire avec un soin si jaloux. Nos morts étaient restés au contraire dans les jardins de la

Malmaison, sur les coteaux, dans les chemins creux, à la place où les avaient frappés les balles ennemies, et malheureusement aussi des éclats d'obus qui ne leur étaient pas destinés, et qui pleuvaient du Mont-Valérien sur les positions qu'ils attaquaient. Nos blessés, ceux du moins qui avaient été relevés, étaient entassés dans une villa aux bords de la Seine, couchés sur des matelas, sur des canapés, sur un billard ruisselant de sang, et qui avait servi de table d'amputation. L'un deux, un jeune homme de dix-huit ans, les yeux éteints et la poitrine trouée par une balle, avait passé la nuit assis sur un coffre à bois, et adossé contre la muraille. Il voulait se lever et marcher; deux jours après, il était mort. Dans une chambre, où le parquet jonché de livres et de jouets mêlés à des gibernes et à des paquets de cartouches, était couché un zouave, la tête fracassée et enveloppée dans des rideaux de mousseline blanche. Il avait pour oreiller une poupée dont la perruque blonde, coagulée par le sang, s'était collée aux cheveux grisonnants du vieux soldat. Quand les habitants des environs de Paris rentreront dans leurs demeures dévastées, sauront-ils jamais ce que ces murs troués par la mitraille, ces parquets tachés de sang, pourraient leur raconter de lugubres histoires et de drames ignorés ?

La sortie du 21 octobre eut du moins un résultat ; l'état-major avait eu peur, il s'en vengea sur les témoins de la panique. Une affiche enjoignit aux habitants de Versailles de rentrer chez eux aux premiers sons de la trompette d'alarme, et autorisa à employer la force en cas de désobéissance. Cette échauffourée, qui avait coûté aux Prussiens plus de 1,200 hommes, n'avait pas contribué à relever le moral de l'armée, bien nourrie et bien logée à nos dépens, mais abattue par les maladies, et surtout par la longueur du siège, qui dépassait déjà toutes les prévisions du soldat, et qui commençait à inquiéter même les chefs. On avait compté sur la famine et sur la révolution. La révolution se faisait attendre. L'imagination prussienne avait découvert, il est vrai, du haut de l'observatoire de Châtillon, des combats dans Paris : on avait vu le fort de Nogent tirer sur la ville et le drapeau rouge flotter sur les édifices ; mais ces vagues rumeurs se dissipaient d'elles-mêmes. Dans les journaux de Paris, que l'état-major se procurait assez régulièrement, rien n'annonçait que les vivres fussent épuisés, et d'après les rapports des espions on devait se résigner à proroger au 1er décembre cette échéance de la famine que l'on avait fixée d'abord au 15 novembre. Le bombardement, déjà réclamé avec impatience par la presse allemande, était impossible. Les batteries était prêtes ; il ne manquait plus que les canons et les munitions. La destruction du souterrain de Nanteuil, la seule peut-être où l'importance du résultat ait égalé celle du sacrifice, avait forcé les Allemands à construire une ligne de raccordement qui était à peine achevée. Il avait fallu amener les munitions de Nanteuil et plus tard de Lagny, atteler jusqu'à trente chevaux aux pièces de 24, et faire passer une partie de ce lourd matériel sur le pont de charpente de Villeneuve-Saint-Georges pour le concentrer dans la plaine de Villacoublay, où s'amassait lentement le grand parc de la rive gauche.

La ligne de l'Est, qui s'arrêtait à Lagny, était alors le seul chemin de fer dont les Allemands pussent faire usage. Ce ne fut que dans le courant de novembre et de décembre que la capture de quelques machines et d'un certain nombre de wagons de marchandises à Dreux et à la gare d'Orléans leur permit de faire circuler des trains sur les lignes d'Orléans et de Chartres. Deux ou trois locomobiles leur servirent aussi à traîner quelques pièces; mais tout cela était bien loin de ce fameux chemin de fer circulaire dont parlaient nos journaux, et qui n'exista jamais même à l'état de projet. Pour comble d'embarras, l'armée de la Loire, que les généraux prussiens jugeaient hors de combat depuis l'affaire de Chevilly et l'occupation d'Orléans, se reformait avec une rapidité menaçante : la situation pouvait devenir critique. Malheureusement la Prusse tenait en réserve une de ces surprises qui ne lui manquèrent jamais depuis Wissembourg : le 28 octobre, une affiche officielle annonçait la capitulation de Metz. Ce fut un coup de foudre. Peu de jours auparavant circulaient de sourdes rumeurs sur une grande sortie du maréchal Bazaine: on parlait de convois enlevés, d'une feinte qui avait attiré l'ennemi vers Thionville, tandis que le gros de l'armée, ayant traversé ses lignes, marchait victorieusement sur Nancy. On se rattachait à ces illusions avec une tenacité désespérée ; on accusait le gouvernement prussien d'imposture : le patriotisme indigné ne voulait pas admettre qu'une armée de 160.000 hommes eût pu déposer les armes. Ceux-là mêmes s'efforçaient d'en douter qui avaient trop de raisons pour y croire.

Ce fut au milieu de cette lutte des illusions patriotiques contre l'évidence que M. Thiers arriva à Versailles. On connaît ses entrevues avec M. de Bismarck, les obstacles apportés à la conclusion de l'armistice par les exigences de l'état-major et par la journée du 31 octobre, dont les militaires et le premier ministre lui-même s'exagéraient volontiers la portée. Le départ de M. Thiers fut un triomphe pour le parti militaire, qui mit le comble à ses procédés soldatesques en retenant prisonnier pendant trois jours M. Cochery, ancien député du Loiret, qui l'avait accompagné ; mais ce triomphe ne fut pas long. Dès le 9 novembre, il était facile de remarquer des symptômes d'inquiétude parmi les confidents de l'état-major ; les fronts étaient soucieux, les consignes plus sévères, l'arrogance moins insultante. Des marchés passés pour les fournitures de farine et d'avoine avaient été suspendus ; des détachements de cavalerie et d'artillerie partaient à la hâte. Bientôt les craintes se trahirent par des signes plus certains ; les officiers et les soldats logés chez l'habitant reçurent l'ordre de se coucher tout habillés ; les fourgons qui avaient joué un rôle si actif dans le déménagement du 21 octobre reparurent et se remplirent de nouveau. Ces innombrables chariots, qui dans une retraite auraient encombré les chemins et causé la perte de l'armée prussienne, s'écoulèrent en longues files par la route de Saint-Germain.

Le 12 novembre, des bruits, vagues d'abord, mais confirmés bientôt par des renseignements précis, nous apprirent l'évacuation d'Orléans et la défaite du corps d'armée bavarois. Pour la première fois, la fortune se lassait de nous accabler et semblait nous offrir l'occasion de réparer en un jour trois mois de désastres. Le 10 novembre, le gros de l'armée de la Loire était à cinq marches de Paris : le corps du général von der Thann pouvait être coupé et détruit, celui du grand-duc de Mecklembourg était dispersé entre Dreux et Chartres ; les troupes que le prince Frédéric-Charles amenait de Metz, et qui se composaient des 3ᵉ, 9ᵉ et 10ᵉ corps, ne pouvaient entrer en ligne avant le 18 novembre. Le 2ᵉ corps, attaché à l'armée du prince royal et expédié par les voies rapides, arrivait à peine : une de ses divisions avait été portée à marches forcées sur Étampes et Toury. L'armée de siège était réduite d'un quart par les maladies. La confiance de l'ennemi, un moment relevée par la capitulation de Metz, s'ébranlait de nouveau : les soldats, pleins de sombres pressentiments, écrivaient en Allemagne que Paris serait leur tombeau. Si l'armée de Paris, après avoir écrasé sous le feu des forts et de la redoute des Hautes-Bruyères les positions de l'Hay, de Chevilly et de Thiais, seules défenses du plateau qui domine la Seine, débouchait dans la plaine et réussissait à couper les ponts de Villeneuve-Saint-Georges, il ne restait plus à l'état-major prussien d'autres ressources que de lever le blocus de la rive gauche, et de risquer avec 100,000 hommes une bataille désespérée, pendant que les corps du général Von der Thann et du grand-duc de Mecklembourg disputeraient pied à pied la route d'Orléans. L'exécution de ce plan était-elle possible ? L'avenir le dira peut-être ; mais l'armée prussienne le craignait. Les Allemands n'oseraient le nier devant ceux qui ont été témoins de leur agitation, de leurs inquiétudes, de leurs continuelles alertes, au moindre symptôme qui pouvait faire redouter une sortie. Les jours se passèrent : Paris resta immobile ; l'armée de la Loire se fortifiait devant Orléans. Les têtes de colonne de Frédéric-Charles commencèrent à paraître, l'état-major respira : l'occasion était manquée et ne devait plus renaître. Certes nous comprenons toutes les tortures morales qu'ont fait subir à Paris l'isolement, l'incertitude, l'espoir sans cesse excité et sans cesse trompé ; mais il y a eu des angoisses aussi poignantes, ce sont celles des Français emprisonnés dans les lignes ennemies, partageant, sans avoir les émotions de la lutte armée, toutes les douleurs de leurs concitoyens, consumant leur vie à entrevoir quelque chose de la vérité et impuissants à la faire connaître, ou, ce qui était plus triste, à la faire croire ? Ceux-là n'oublieront pas ces mortelles journées du 12 au 18 novembre, ces nuits passées à épier dans l'ombre une lueur fugitive, un bruit lointain qui pouvait être le signal de la délivrance. Qu'il reste du moins la consolation d'apprendre à l'ennemi dont il subissait l'odieuse présence que des yeux qui savaient voir, des oreilles qui savaient entendre, ont suivi chacun de ses mouvements, épié chacune de ses paroles, que la vigilance et la prudence allemande ont été jouées plus d'une fois par la légèreté française, et n'ont jamais su découvrir que des complots imaginaires, saisir que les correspondances insignifiantes, punir que les innocents !

L'état-major avait repris confiance ; mais il redoublait de précautions en vue d'une sortie de Paris, que tous les Allemands croyaient prochaine, et qu'ils considéraient comme le dernier effort de la résistance. On avait remarqué, disaient-ils, de nombreux mouvements de troupes. Les forts, longtemps muets, avaient rompu le silence ; on voyait des travailleurs réparer les routes qui aboutissaient aux positions occupées par le 6° corps, par les Wurtembergeois et par les Saxons. Dans la nuit du 29 novembre, Versailles se réveilla en sursaut au bruit d'une canonnade qui fit croire un moment que le bombardement commençait ;

mais on distingua bientôt, au milieu du roulement continu de la grosse artillerie, la voix plus éclatante du canon de campagne et le pétillement de la fusillade. L'ennemi ne s'était pas trompé, et le calme de son attitude, qui contrastait avec la panique du 21 octobre, prouvait qu'il était sur ses gardes. Cependant l'affaire était sérieuse. Pendant toute la nuit du 30 novembre, on entendit rouler des trains d'artillerie et défiler des troupes; vers dix heures du matin, la landwehr de la garde traversa la ville, se dirigeant vers les routes de Sceaux et de Bièvre. Ces beaux régiments marchaient avec autant d'ordre qu'à la parade, mais avec cette gravité morne que l'on remarque chez le soldat allemand les jours de bataille. Durant trois jours et trois nuits, le canon gronda presque sans interruption. Quelques engagements assez vifs eurent lieu sur les hauteurs de Garches et de Buzenval; mais le principal effort paraissait se porter sur les bords de la Seine, au sud de Paris, et sur la vallée de la Marne. Rien ne permettait encore de deviner le résultat de l'action, quand le 3 décembre, vers deux heures de l'après-midi, la canonnade cessa brusquement. Le lendemain, les régiments de la landwehr regagnèrent leurs cantonnements, épuisés de fatigue, mais moins silencieux et aussi nombreux qu'au départ. L'ennemi n'avait pas engagé ses réserves. Ses positions restaient donc intactes, et Paris n'avait pu briser le cercle qui l'enfermait. Quelques lignes sèches et peu triomphantes du *Moniteur de Seine-et-Oise* nous apprirent que 100,000 Français avaient attaqué une partie de la 3e et de la 4e armée entre L'Hay et Bry-sur-Marne, que les troupes allemandes avaient, suivant la phrase consacrée, maintenu victorieusement leurs positions, et que leurs pertes n'étaient pas sans importance. Le même jour arrivait la nouvelle du désastre d'Orléans : la capitulation de Metz avait porté ses fruits.

Le mois de décembre s'écoula rempli par des bruits contradictoires sur les revers et les triomphes de l'armée de la Loire, et par des appréhensions chaque jour plus vives sur le sort de Paris. Malgré les glaces qui avaient rompu une partie de ses ponts, l'ennemi avait reçu son matériel de siège : le 27 décembre, l'écho de détonations lointaines apprit à Versailles le bombardement du plateau d'Avron et des forts de l'est. Peu de temps après, les 250 pièces immobiles jusque-là dans le parc de Villacoublay étaient distribuées dans les batteries qui s'échelonnaient depuis les hauteurs de Bagneux jusqu'à celles de Saint-Cloud. — Le moment psychologique si souvent annoncé était arrivé. On a prétendu que l'état-major du prince royal et M. de Bismarck lui-même s'étaient opposés au bombardement de Paris, qu'ils n'avaient cédé qu'à l'impatience de l'armée et aux déclamations de la presse allemande. L'immense quantité de matériel et de munitions accumulés à grands frais dès les premiers temps du siège prouve que le bombardement entrait dans le plan primitif, et qu'il faut en attribuer le retard non pas à un sentiment d'humanité, mais à la difficulté des transports et à des considérations purement stratégiques. Les Allemands s'exagéraient du reste les effets de leurs projectiles ; ils énuméraient avec une étrange complaisance les prétendus incendies qu'ils avaient allumés et les monuments qu'ils avaient cru détruire ; ils recherchaient avidement les journaux français pour y suivre la trace de leurs obus, et les accusaient de dissimuler l'étendue des désastres. Pendant que les bombes pleuvaient sur une population inoffensive, l'Allemagne se préparait avec un attendrissement mystique à célébrer le couronnement de son empereur. La cérémonie eut lieu le 18 janvier au château de Versailles, dans la galerie des Glaces, en présence des députations de l'armée et des vassaux empressés du nouvel empire. Le prince Frédéric-Charles venait de lui apporter, comme cadeau de joyeux avènement, la victoire du Mans, qui brisait nos dernières espérances.

Le lendemain, dans la matinée, une vive agitation qui ne ressemblait en rien à celle de la veille se manifesta dans la garnison. Bien que le vent ne fût pas favorable, des détonations rapides et irrégulières qu'il était impossible de confondre avec le tir des pièces de siège se faisaient entendre dans la direction de Saint-Cloud. La trompette d'alarme sonna pour la première fois depuis le 21 octobre ; les barrières se fermèrent : 6 bataillons de landwehr vinrent prendre position sur la place d'armes, où les remplaça bientôt une brigade bavaroise. Vers midi parurent quelques prisonniers français noirs de poudre, les vêtements déchirés, mais l'attitude fière et résolue. Ces hommes n'étaient ni des fuyards, ni des vaincus. L'un d'eux, trompant la surveillance peu sévère de son escorte, s'arrêta un moment près d'un de ces groupes qui saluaient nos soldats avec émotion, et qui cherchaient le moyen d'échanger avec eux quelques mots rapides. Il annonça que le combat durait depuis 6 heures du matin, que les Prussiens se repliaient de tous côtés, que nous marchions sur le parc de Saint-Cloud et sur les bois de la Malmaison. En même temps, un officier d'état-major du 5e corps lançait en passant à un de ses camarades ces mots, qui parvinrent à d'autres oreilles : « — Nous avons perdu Montretout. » Était-ce une action décisive, ou ne fallait-il voir dans cette brillante attaque qu'une feinte destinée à masquer une autre opération, ou une tentative dirigée contre les batteries de Saint-Cloud ? Ceux qui connaissaient le terrain et la force des positions ennemies, et qui se croyaient certains qu'on ne l'ignorait pas à Paris, se refusaient à admettre qu'on eût choisi un pareil champ de bataille pour un effort suprême et désespéré. — La nuit tombait, un brouillard épais amortissait les derniers bruits du combat : tout le monde s'attendait à le voir recommencer le lendemain. Les réserves prussiennes ne quittèrent pas la ville et envahirent de force, à 10 heures du soir, les maisons qui tardaient à s'ouvrir devant ces hôtes incommodes. Pendant toute la nuit, on entendit rouler les caissons qui venaient renouveler leurs munitions et les voitures d'ambulance chargées de blessés. Les nôtres étaient peu nombreux : on n'en comptait guère qu'une cinquantaine. Quant aux Prussiens, ils avouaient une perte totale de 400 hommes ; mais les rapports des médecins constataient que plus de 1.000 blessés étaient entrés dans les hôpitaux de Saint-Cyr et de Versailles. « Nous disons toujours la vérité, » s'était écrié un jour le *Moniteur de Seine-et-Oise*; « mais nous ne disons pas toute la vérité, » ajoutait-il naïvement.

Le 20 janvier trompa l'attente générale. Dès le matin, la nouvelle se répandit que nous avions évacué les positions conquises ; plusieurs centaines de prisonniers, appartenant presque tous à la garde mobile, furent promenés dans les rues: la landwehr et les Bavarois regagnèrent leurs cantonnements. Il fallut enregistrer un échec de plus : personne cependant ne croyait la résistance arrivée à son terme. On savait que la famine était proche ; seulement, avant de manger son dernier morceau de pain, Paris voudrait sans doute venger et honorer sa chute par une de ces batailles gigantesques où les inspirations du désespoir déjouent quelquefois les calculs de la stratégie. L'arrivée même de M. Jules Favre dans la journée du 24 ne suffit pas à convaincre les incrédules ; on parlait de médiation étrangère, de négociations pour l'envoi d'un plénipotentiaire à la conférence de Londres : la sollicitude avec laquelle la police prussienne veillait sur le ministre français, gardé comme un prisonnier plutôt que comme un hôte dans la maison même du préfet de police, rendait toute communication impossible. Le bombardement continuait avec un redoublement de violence. Dans la soirée du 26 janvier, au moment où couraient déjà les premiers bruits d'armistice, les batteries de Saint-Cloud, de Meudon et de Châtillon tonnaient sans relâche, comme si elles eussent voulu épuiser leurs munitions ou s'acharner sur les ruines de nos forts démantelés. Les éclairs qui se succédaient aussi rapides que dans une nuit orageuse d'été illuminaient le ciel morne et froid : une lueur sinistre embrasait l'horizon au-dessus de Saint-Cloud et semblait s'échapper d'un vaste foyer d'incendie. Vers onze heures du soir, le silence des rues fut tout à coup troublé par le trot des cavaliers, par le bruit de la trompette qui sonnait dans les casernes : des pas précipités retentissaient sur le pavé, des soldats frappaient aux portes à coups redoublés, des lumières se montraient aux fenêtres, des dialogues rapides s'échangeaient entre ces messagers nocturnes et les officiers logés dans les maisons particulières qui sortaient à la hâte. Tout semblait annoncer une alerte ; mais peu à peu ces bruits s'éteignirent, et à minuit la canonnade cessa sur toute la ligne comme par enchantement.

Le lendemain, la vérité était connue, le rêve était fini : Paris capitulait. On apprenait en même temps par quel sauvage adieu l'armée prussienne avait voulu célébrer sa victoire. Le 26 janvier, dans l'après-midi, au moment où les ordres étaient déjà donnés pour la suspension des hostilités, la garnison de Saint-Cloud se répandit dans la ville, depuis longtemps veuve de ses habitants, mais où une vingtaine de maisons tout au plus avaient été brûlées et effondrées par nos projectiles. Le pillage, commencé depuis le mois d'octobre, s'acheva méthodiquement sous la direction des officiers. A mesure qu'une maison était déménagée, les soldats arrosaient de pétrole ou frottaient avec de la graisse les portes et les cloisons, semaient de la poudre et du papier sur les planchers, entassaient de la paille dans les caves et les rez-de-chaussée, y mettaient le feu, et allaient quelques pas plus loin poursuivre l'exécution de leur consigne. L'œuvre de destruction dura quatre jours ! Quelques habitants déjà revenus dans leurs foyers, et qui s'efforçaient d'éteindre l'incendie, furent repoussés à coups de sabre et contraints de s'enfuir. Le 30 janvier, à deux heures de l'après-midi, *quarante-huit heures après la signature de l'armistice*, la maison du sculpteur Dantan, la seule qui fût restée à peu près intacte dans le parc de Montretout, était envahie par une bande de soldats du 5º corps. Les œuvres d'art qui avaient été oubliées ou dédaignées par les pillards furent mutilées et jetées par les fenêtres, et la maison incendiée sous les yeux d'un groupe d'officiers, témoins impassibles et souriants. Les murs seuls sont restés debout ; sur l'un d'eux une main inconnue a tracé en grosses lettres ces mots : *Wilhelm 1ᵉʳ, Kaiser.* Cette inscription est-elle une vengeance ou une ironie du hasard ? L'homme qui a ordonné l'incendie de Saint-Cloud est général au service de sa majesté l'empereur d'Allemagne ; il commande une division du 5ᵉ corps : sa famille est, dit-on, d'origine française, et son nom est Sandraz.

A partir du mois de février, les portes de Paris s'entr'ouvrent : la vérité commence à se faire jour. Les Parisiens ont pu aujourd'hui constater par leurs yeux l'exagération des bruits semés sur les travaux et sur les forces des Prussiens. Ils ont pu apprécier, par le parti que l'ennemi en a tiré, l'importance des positions stratégiques qui dominent Paris, et qui, solidement fortifiées, l'auraient rendu inabordable et impossible à bloquer. Ils ont parcouru les villages dévastés ; ils ont visité les ruines de Meudon, de Garches et de Saint-Cloud. C'est ici que nous devons terminer ce récit, ou plutôt cette déposition, qui aura du moins le mérite de la sincérité et de l'exactitude. Puisse-t-elle apporter quelques faits de plus à l'instruction qui se poursuit dans toutes les parties de la France, et qui va permettre à l'Europe de juger les vainqueurs.

H. Pigeonneau.

www.ingramcontent.com/pod-product-compliance
Lightning Source LLC
LaVergne TN
LVHW021740080426
835510LV00010B/1304